W. Freimuth

Die Frauenbewegung in Deutschland

W. Freimuth

Die Frauenbewegung in Deutschland

ISBN/EAN: 9783743394650

Hergestellt in Europa, USA, Kanada, Australien, Japan

Cover: Foto ©ninafisch / pixelio.de

Weitere Bücher finden Sie auf **www.hansebooks.com**

Streitfragen.

Zeitgemäße
sociale und literarische Betrachtungen
in zwanglosen Heften

von

W. Freimuth.

I. Heft: Die Frauenbewegung in Deutschland.

Minden.
Druck und Verlag von Wilhelm Köhler.
1881.

Die Frauenbewegung

in Deutschland.

Vorwort.

> „Der Himmel ist blau und blau sind die Augen
> Der deutschen Frauen, sie schmachten gelinde
> Und seufzen von Liebe, Hoffnung und Glauben;
> Ich kanns nicht vertragen; es hat seine Gründe."
> Heine.

Die nachstehende Abhandlung ist vor Jahr und Tag als Vortrag für den Frauenbildungsverein einer größeren deutschen Stadt ausgearbeitet worden. Der Vortrag wurde nicht ohne Beifall aufgenommen und der Verfasser mehrfach ersucht, denselben durch den Druck auch weiteren Kreisen zugänglich zu machen. Wenn er diesem Wunsche nunmehr nachkommt, so handelt er dennoch frei von jeder Illusion über etwaige Wirksamkeit und Popularität des behandelten Themas.

Es ist kaum möglich sich für eine gegenwärtig aussichtslosere Sache zu begeistern als für die Hebung der deutschen Frau. Vieljährige und umfangreiche Erfahrungen geben dem Verfasser, der von jeher alle Bewegungen auf diesem Gebiete mit Interesse und Theilnahme verfolgt hat, ein Recht zu dieser Behauptung.

Die Gründe liegen für den Kenner deutscher Verhältnisse und socialpolitischer Gesetze klar zu Tage. Es ist nicht etwa in erster Linie die deutsche Schwerfälligkeit und Aengstlichkeit — oder mit einem Wort das deutsche Philisterthum in seinem weitesten Umfange — welches der Frau jede Erweiterung ihrer Rechte und Stellung streitig und unmöglich macht — obgleich auch dieses leider Gottes nur zu sehr als Hemmniß jeder freieren, frischeren und gesunderen Entwicklung auftritt. Nein, es sind vor Allem die Bevölkerungs- und Erwerbsverhältnisse in Deutschland, deren abnorme Zustände mit eisernem Riegel jede auch noch so schmale Pforte verschließen, durch welche die Frau auf den großen Markt des Lebens hinausschlüpfen möchte. Denn von einem offenen, muthigen Hinaustreten kann bei dem bisherigen Stil der deutschen Frauenbewegung nicht die Rede sein.

Bei der rapiden Zunahme der deutschen Bevölkerung, welche nach ihrem gegenwärtigen Maßstab eine Verdoppelung der Seelenzahl innerhalb 30 Jahren in Aussicht stellt (!) und bei dem gänzlichen Mangel eines geordneten Abflusses des Uebermaßes der Population durch Besiedlung von Kolonien ꝛc. steht schon seit längerer Zeit in Deutschland Bevölkerung, Bildung und Möglichkeit des Erwerbs in einem höchst ungünstigen Verhältnisse. Am wenigsten machen sich diese Uebelstände auf dem Felde der fast immer noch lohnend verwerthbaren körperlichen niederen Arbeit und elementaren Bildung bemerklich; am meisten und schärfsten in den höheren und gebildeteren Klassen und Erwerbszweigen. Dazu kommt noch, daß Deutschland, von jeher das Land der Schulen und Kasernen, gegenwärtig vollends von einem wahren Fieber nach Schulen und schulmäßiger höherer Ausbildung aller möglichen Branchen beherrscht wird. Schulen, nichts als Schulen! ist der allgemeine Ruf, sobald irgend ein Uebelstand sich findet; Schulen sollen alle Schäden heilen, sollen die Socialdemokratie vernichten, sollen die Prostitution beseitigen, sollen auch die deutsche Frau aus ihrer Hörigkeit befreien!

Wenn es nicht zu traurig wäre, würde es sehr komisch

sein, wie hier Ursache und Wirkung verkannt und verwechselt wird. Daß mit höherer mehr oder minder kostspieligerer Ausbildung auch naturgemäß höhere Ansprüche und ein höherer Lohn verbunden sein müssen, den man eben in Deutschland nicht bieten kann, daran denkt Niemand.

Schon ist es dem Beamten, dem Officier — und gerade in Deutschland spielen diese in ihrem Erwerb gebundenen Stände nach Zahl und Einfluß eine sehr bedeutsame Rolle innerhalb der Bevölkerung — kaum möglich, sich allein — ohne Familie — mit seinem spärlichen Gehalt durchzuschlagen; schon sind auch in anderen Ständen zahllose Männer zu naturwidrigem Coelibat verurtheilt; — und die deutschen Frauen bilden sich alles Ernstes ein, daß ihnen umfangreiche, bisher den Männern ausschließlich eigenthümliche Erwerbsgebiete geöffnet werden könnten! Obgleich ihnen die Kulturgeschichte hinlängliche Erfahrungen gerade in dieser Beziehung klar und deutlich vor Augen gestellt haben sollte, so vermögen sie noch heute nicht einzusehen, daß mit der Anstellung jedes weiblichen Arztes, jedes weiblichen Post- und Telegraphenofficianten u. s. w., ein männliches Individuum brotlos wird! Und da die Männer einstweilen noch das herrschende Geschlecht sind und die Macht in Händen haben, so werden sie schwerlich so selbstlos und selbstvergessend sein, einem idealen Princip zu Liebe ihre eigene unmittelbare Existenz zu gefährden und zu verkürzen!

Nur dann, wenn es gelänge, in Deutschland hinsichtlich des Angebots und der Nachfrage von Arbeitskräften und zumal solchen von höherer Bildung ein gesunderes Verhältniß herzustellen, würde auch die Frau Aussicht zur Zulassung auf neuen und besseren Erwerbsgebieten haben. Die deutschen Frauen, deren Wortführerinnen leider bisher nicht das geringste Verständniß für diese fundamentalen Gesetze von Angebot und Nachfrage und der Regulirung des Arbeitslohnes bewiesen haben, (wie u. A. die Verhandlungen des in den letzten Wochen abgehaltenen Frauentages zu Berlin wiederum deutlich zeigten,) sollten nie vergessen, daß für den Erfolg wirthschaftlicher und socialer Bestrebungen stets die materiellen Verhältnisse ausschlaggebend sind! Wenn sie sich nicht wie bisher mit der Gründung von Flick-, Koch- und Nähschulen und ähnlichen harmlosen Unternehmungen begnügen wollen, so bleibt ihnen einstweilen nichts übrig als mit ihren in der Idee durchaus berechtigten Wünschen aus der rauhen kalten Welt des Egoismus sich zu flüchten „in des Ideales Reich." Denn zur Zeit ist, zumal bei der herrschenden Abneigung gegen Erwerb von Colonialbesitz und staatliche Organisation der Auswanderung, Gott sei's geklagt, nur wenig Aussicht, auf umfassende Besserung der Erwerbsverhältnisse wie für alle Arbeiter, so auch für die Frau ganz besonders.

Diese Resignation, welche für absehbare Zeit vollberechtigt ist, weicht nur dem Blick in eine ferne bessere Zukunft. Dennoch schien es in literarischer und kulturhistorischer Rücksicht nicht ohne Werth, in dem Nachstehenden den wenn auch bis jetzt nur idealen Standpunkt zu bezeichnen, welchen die fortgeschrittenere positive Richtung in der beregten Frage zur Zeit einnimmt.

Dieser Standpunkt dürfte wohl noch für längere Perioden maßgebend sein, ohne zu veralten. Denn auf raschere Förderung ist kaum zu rechnen.

Es ist übrigens mit der Frauensache wie mit manchen ähnlichen Fragen ein eigen Ding. Manche empfinden und denken dasselbe, aber nur wenige sprechen es aus; und

Keiner handelt. Es ist vielleicht nicht ohne Verdienst, der Dollmetscher dieser stillen Partei zu sein, auch wenn die entwickelten Ideen auf Originalität keinen Anspruch machen können.

Ob dereinst die Frauenbewegung in Deutschland in eine freiere frischere Strömung gelangen wird, wer kann es sagen? Einstweilen ist die Resignation nur zu berechtigt und die einzig passende Devise der deutschen Frauensache ist des Dichters trübes Wort:

„Da droben in der deutschen Luft,
Da ist nicht Raum für dich!"

Berlin, im November 1880.

W. Freimuth.

Die Frauenbewegung
in Deutschland.

Die sogenannte Frauenfrage ist ein wesentlich modernes Problem. Freilich gefallen sich Viele darin, alle Geistesströmungen und Kulturbewegungen bis in die ersten Anfänge des historischen Lebens zu verfolgen und ihren Beginn aus unvordenklichen Zeiten zu datiren, am liebsten von Entstehung der Welt ab. Wir sind indeß der Ansicht, daß das letzte Jahrhundert mit den gewaltigen Bewegungen und Erschütterungen des geistigen und materiellen Lebens, welche dasselbe kennzeichnen, auch seine neuen socialen Fragen und Probleme heraufgeführt hat, welche bis dahin mehr oder minder unbekannt waren.

Wohl ist die Geschichte der Frau auch die Geschichte des Menschengeschlechts, die Geschichte der Frauenfrage dagegen beginnt erst da, wo der gewaltigste Sturm freiheitlicher und fortschrittlicher Ideen, der je die Welt erschüttert hat, die alten Fundamente der Gesellschaft zum Wanken brachte und theilweise vernichtete; mit der französischen Revolution!

Allerdings, die politische Revolution und ihre Helden kümmerten sich noch nicht um die Frau. Als in der Nacht des 24. August 1789, jener „Bartholomäusnacht der Mißbräuche," die allgemeinen Menschenrechte proklamirt wurden, dachte noch Niemand an die Frau; daß auch die Frau jetzt zu den Menschen gehören wolle und müsse, war ein Gedanke, den auszusprechen noch Niemand wagte oder geneigt war. Alle erstrebten und errungenen Rechte galten nur für den Mann; erst durch ihn auch für das mit ihm verbundene Weib.

Dennoch war es einem Kinde der großen Revolution, und zwar einem Weibe, vorbehalten, die Sache der Frau vor das Forum der Welt zu bringen. Madame Stael, die Tochter Neckers, war die Heldin, die es wagte, zuerst sich über die Schranken aller engherzigen Vorurtheile und kleinlichen Anschauungen zu erheben und die Rechte des Weibes zu vertreten. Sie, welche die Ungnade des gewaltigen Herrschers nicht scheute, vor dem ganz Europa zitterte, sie fand auch den Muth, die Stellung des Weibes in der menschlichen Gesellschaft, vor allem sein Verhältniß zum Manne, vom Gesichtspunkte einer für beide Geschlechter gleiche Gerechtigkeit fordernden Anschauung zu beurtheilen und zu erörtern. Ihre beiden großen Romane, Delphine und Corinne, welche in den ersten Jahren dieses Jahrhunderts erschienen, sind noch heute die unvergleichlich größten literarischen Erscheinungen auf diesem Gebiete. Die Literaturgeschichte dürfte kaum noch ein ähnliches Beispiel aufweisen, daß eine neue Geistesströmung in solch in der Form und Idee gleich vollendeten Weise eingeführt und angeregt worden ist. Es war, wie wenn auf ein bis dahin in Dunkel und Schatten gehülltes Gebiet plötzlich ein heller Lichtstrahl fällt.

Und doch, wie scheu und vorsichtig ist das neue Thema, das Evangelium von der Gleichberechtigung der Frau, in diesen Romanen behandelt! Wie ein Hauch wehmüthiger Resignation durchweht es dieselben; trotz aller Tugend und Zurückhaltung gehen die Heldinnen unter, und zwar nur deshalb, weil sie über dem gewöhnlichen Niveau der Frau stehen, weil sie dem Manne ebenbürtig sind

und den verhängnißvollen Versuch wagen, sich über die
herrschenden Vorurtheile zu erheben. Das demüthige Motto,
welches der Delphine vorgesetzt ist: „un homme peut braver
l'opinion; une femme doit s'y soumettre" bezeichnet zugleich
das trostlose Endresultat, zu dem die Verfasserin gelangt.

Die Worte der Einsiedlerin von Coppet, der Freundin
Benjamin Constants, verhallten nicht fruchtlos. Vielleicht
regte die bedeutende in ganz Europa gekannte Persön=
lichkeit Madame Staels nicht weniger zur Diskussion der
aufgeworfenen Fragen an als ihre Schriften. Ihr ganzes
Leben und Wirken war ja selbst der überzeugendste Beweis für
die Berechtigung der geistigen und wissenschaftlichen Emanci=
pation der Frau.

In der nächst folgenden Zeit begegnen wir auch schon
in Deutschland einzelnen hervorragenden Frauen, die als
Vertreterinnen dieser neuen Idee gelten können. Es mag
genügen, hier die Namen Caroline Schlegel und Rahel
Varnhagen zu nennen, als Frauen, die sich auch in weiteren
Kreisen eine wahrhaft menschlich freie und geachtete Stellung
zu erringen wußten.

In Frankreich war es nach Madame Stael George
Sand, die, wenn auch in ganz anderer Weise als ihre große
Vorgängerin, das Prinzip der Frauenbefreiung verkörperte.
Niemand hat wahrer und treffender den Einfluß der Bil=
dung, Erziehung und Beschäftigung des Weibes auf
seinen Charakter geschildert als George Sand; Niemand hat
sich freier über alle Schranken geistiger und materieller Bevor=
mundung, die dem Weibe durch Brauch und Vorurtheil
gezogen waren, erhoben.

Fast ein halbes Jahrhundert hat sich indessen diese
Frage fast ausschließlich auf geistigem Gebiete bewegt; es
war lediglich ein geistiger, literarischer Kampf und
es hat lange gedauert, ehe diese Ideen auch im materiellen
Leben sich Geltung zu verschaffen suchten und somit die

praktische und wirthschaftliche Seite der Frauenbewegung hervortrat.

Wie bei allen socialen Reformen war es auch hier schließlich der Hunger, die materielle Noth, welche als zwingendes und drängendes Moment wirkte.

Als man um die Mitte unseres Jahrhunderts in England durch Volkszählungen und statistische Erhebungen erfahren hatte, daß Millionen von Frauen ausschließlich auf den Erwerb durch eigene fast immer kärglich und unzureichend bezahlte Arbeit zur Fristung ihres Lebens angewiesen seien, mußte diese Entdeckung auch in weiteren Kreisen Besorgniß und Theilnahme erregen. Man suchte nach Mitteln, den weißen Sklavinnen Hülfe zu bringen. Das war jene denkwürdige Zeit, als Thomas Hood unter anderen socialen Gedichten auch jenes tiefergreifende „Lied vom Hemde," the song of the shirt, in die Welt schleuderte, welches seitdem zur „Frauenmarseillaise" geworden ist.

> „Mit Fingern mager und müd,
> Mit Augen trüb und roth,
> Gehüllt in Hadern saß ein Weib,
> Nähend für's liebe Brot.
> Stich! Stich! Stich!
> Auf sah sie wirr und fremde;
> In Hunger und Armuth flehentlich;
> O schwäng' es fort zu den Reichen sich!
> Sang sie, „das Lied vom Hemde!"

Von jener Epoche an datiren in verschiedenen Ländern die Versuche zur Hebung der Erwerbsfähigkeit des weiblichen Geschlechts. Rüstiger noch wie in England wurden diese Bestrebungen in Amerika durch bald über das ganze Land ausgedehnte Vereine eifrig gefördert. Im letzteren Lande war unstreitig der Boden für die Hebung der Frau am günstigsten, da einestheils die Stellung des Weibes dort, wie in fast allen jüngeren Culturländern und Colonien, eine relativ hohe war und andererseits viele der in Europa jeder socialen Reform so hinderlichen Schranken langhergebrachten Brauchs, der mit dem stolzen Namen „Sitte" belegt wird, und tiefeingewurzelte Vorurtheile nicht erst überwunden zu werden brauchten. In England wie in Amerika ist seitdem die **materielle Emancipation** bereits zur **socialen und politischen** gewachsen. Seit Jahren kehrt alljährlich im englischen Parlament der Antrag auf Gewährung des Stimmrechts für die Frauen wieder; schon vor ca. 8 Jahren erhielt derselbe die anständige Minorität von 157 Stimmen gegen 220 und sein endlicher Erfolg ist nur noch eine Frage von voraussichtlich wenigen Jahren.

Am 12. Februar 1870 erschienen zu Washington die Vertreterinnen der amerikanischen Frauenrechtsbewegung in den Hallen des Capitols und verlangten die **politische Gleichberechtigung der Frau**.

Auch in Amerika ist das Gelingen dieser Bestrebungen, welche die nothwendige Folge der materiellen Besserung der Frauenlage sind, in Kürze vorauszusehen. England und Amerika sind die **Mutterländer** der Frauenbewegung.

Ein **Engländer** ist es auch, dem wir das bedeutendste wissenschaftliche Werk über die Frauenfrage verdanken. Stuart Mills, des großen Socialpolitikers und Philosophen, Buch **von der Hörigkeit der Frau** (the subjection of women) muß als ein klassisches Fundamentalwerk in dieser Beziehung angesehen werden. Auf Grund der allgemeinsten naturwissenschaftlichen und geschichtlichen Principien, gestützt auf den socialpolitischen Entwicklungsgang der Menschheit untersucht der große Forscher die Berechtigung der heutigen Stellung der Frau. Er kommt naturgemäß zu dem Resultat, „**daß die Unterdrückung der Frau als ein vereinsamtes Faktum inmitten der modernen socialen Institutionen, als einzige Bresche in ihrem wohlgefügten Grundgesetz freiheitlicher Entwicklung, als alleinige Reliquie einer vergangenen Zeit dasteht, deren Denken und Thun in allen** anderen Punkten als überlebt betrachtet wird; daß sie in radikalstem Gegensatz zu allen fortschrittlichen Bewegungen steht, auf welche die moderne Welt stolz ist." Mit diesem offenen Bekenntniß eines der größten Geister unserer Zeit tritt ein neues Element von der höchsten Wichtigkeit in die Geschichte der Frauenbewegung; die **Theilnahme des Mannes.** Es ist die klare Erkenntniß des Mannes von der unermeßlichen Bedeutung, welche auch für das männliche Geschlecht die Befreiung und Hebung der Frau besitzt; die **Sehnsucht des Mannes** nach ebenbürtigen Gattinnen, die nicht nur Zierden des Salons oder Haushälterinnen sind. Hierdurch allein kann die Frauenfrage in ihrer tiefsten und umfassendsten Bedeutung gelöst werden, alle anderen Versuche werden einseitig und ohnmächtig bleiben. Denn, um Stuart Mills eigene Worte zu gebrauchen: "**es ist nicht zu erwarten, daß die Frauen selbst sich der Emancipation ihres Geschlechtes widmen werden, ehe nicht eine beträchtliche Anzahl von Männern vorbereitet ist, sich mit ihnen zu diesem Unternehmen zu verbinden.**"

Nach diesen einleitenden Bemerkungen, welche uns in großen Zügen den Gang der Entwicklung der Frauenbewegung im Allgemeinen vorzüglich ihrer Idee nach gezeigt haben, gehen wir speciell zu der **deutschen Frauenbewegung** über.

In Deutschland hat es ebenfalls zu keiner Zeit an hervorragenden Frauen gefehlt, welche die untergeordnete Stellung ihres Geschlechtes bitter und schmerzlich empfanden. Klingen doch schon aus den Briefen der ersten preußischen Königin, der schönen und geistvollen Sophie Charlotte, ähnliche Gefühle heraus.

Die ersten **praktischen** Versuche, der Lage der Frauen aufzuhelfen, datiren aus dem Jahre 1848, wo die auch später um die Frauensache hochverdiente Schriftstellerin Luise Otto zuerst eine Frauenzeitung herausgab. Es wurde damals auch in Hamburg eine Hochschule für Frauen gegründet. Beide Schöpfungen unterlagen jedoch bald der Ungunst der Zeitverhältnisse. Erst in der Mitte der sechziger Jahre beginnt ein wirklich erfolgreiches Streben und Handeln auf diesem Gebiete. Nach vorhergegangenen verfehlten Versuchen von anderer Seite wurde im October 1865 zu Leipzig der allgemeine deutsche Frauen= verein gegründet, an dessen Spitze die oben erwähnte Frau Luise Otto trat.

Fast gleichzeitig mit der Gründung dieses jetzt über beinahe ganz Deutschland verbreiteten Vereins, trat in Berlin durch die Initiative des Präsidenten Lette ein Verein zur Förderung der Erwerbsfähigkeit des weiblichen Geschlechts ins Leben, welcher später zu Ehren seines Gründers den Namen Letteverein annahm. Sofort nach seiner Begründung übernahm die Frau Kronprinzessin von Preußen das Protektorat. Beide Vereine haben in der kurzen Zeit ihres Bestehens Außerordentliches geleistet. Wenn man die Verhandlungen der deutschen Frauentage, auf welchen jetzt die Delegirten beider Vereine zusammen tagen, aus den letzten Jahren verfolgt, so muß man billig über die Fortschritte staunen, welche diese Bestrebungen von Jahr zu Jahr gemacht haben. Wer einen der letztjährigen deutschen Frauentage besucht hat, dem hat sich ein Bild von der Wirksamkeit dieser Vereine und dem Stande der Frauen= thätigkeit überhaupt entrollt, welches in vieler Hinsicht ein überraschend hoffnungsreiches und tröstliches war.

Es würde uns zu weit führen, wenn wir im Einzelnen verfolgen wollten, was alles geschehen, wie überall sich Zweigvereine gebildet haben, wie Schulen aller Art gegründet sind für weibliche Erwerbszweige und höhere Bildung, wie sich hochstehende und einsichtsvolle Frauen und Männer diesen Bestrebungen angeschlossen und dieselben gefördert haben. Auch würde es das uns gesetzte Ziel überschreiten, wenn wir die Namen **aller** der um die Sache hochverdienten **Frauen** aufführen wollten, welche innerhalb der genannten Vereine oder auch selbständig mit Eifer und Erfolg gewirkt haben. Die Namen einer Lina Morgenstern, der energischen Präsidentin des „Berliner Hausfrauenvereines," einer Auguste Schmidt, Jenny Hirsch, einer Luise Büchner sind ja hinlänglich bekannt. Ueberall in Deutschland haben ihre Namen wegen ihres rastlosen Arbeitens für die Frauensache guten Klang.

Erwähnen wir noch, daß als Organe dieser Vereine mehrere von Damen vorzüglich redigirte **Zeitschriften** erscheinen, welche speciell der Frauensache gewidmet sind, so hätten wir damit den gegenwärtigen Stand der **praktisch hervortretenden Frauenbewegung in Deutschland** für unseren Zweck hinlänglich bezeichnet.

Mag man nun auch noch so sehr der Tendenz und den Erfolgen der genannten Vereine Anerkennung zollen und zugleich von Achtung erfüllt sein für ihre tüchtigen Leiterinnen und Mitglieder; andererseits muß man doch **ehrlich und offen** bekennen, daß das bis jetzt Erreichte **nur ein verschwindend kleiner Bruchtheil ist von dem was erkämpft werden muß.** Ja man darf sich sogar der Einsicht nicht verschließen, daß die Frauenbewegung gerade in **Deutschland** noch nicht den ersten Absatz jener steilen Höhe erreicht hat, welche zu erklimmen ist. Fast alle **anderen Culturländer** sind unserem Vaterlande hierin weit voraus. Wen hat es nicht schmerzlich und peinlich berührt, als auf dem Wiesbadener Frauentage im Jahre 1878 Fräulein Dr. Dahms aus Hamburg schilderte, wie sie mit dem Gesuch im Zulassung zum Studium der Medicin von den **deutschen** Universitäten abgewiesen sich nach **Paris** habe wenden müssen und dort — es war kurz nach dem Feldzuge — eine zwar zurückhaltende aber doch höfliche und humane Aufnahme fand.

Die Ursachen, weshalb gerade in Deutschland die Frauenbewegung bisher nur in einem sehr bescheidenen und kleinen Stile aufgetreten ist, sind sehr verschiedene und mannigfache; wir wollen hier nur auf einige Hauptmomente kurz hinweisen. Zunächst wirkt auch in dieser Frage eine gewisse Bescheidenheit und Aengstlichkeit hemmend, welche dem Charakter des Deutschen und zumal der deutschen Frau eigenthümlich ist, wenn es sich um neue ungewohnte Bahnen handelt. Rasches energisches und sicheres Vorgehen auf neuem Wege, der noch unsicher und uneben scheint, ist niemals eine Tugend des sonst in vieler Hinsicht anerkennenswerthen deutschen Charakters gewesen. Dann aber ist gerade für Deutschland charakteristisch, daß sich verheirathete Frauen nur selten für die Ziele und Zwecke einer Bewegung interessiren, welche sie für sich selbst unwesentlich halten. Ebenso erachten es die deutschen Männer im Allgemeinen kaum für der Mühe werth, den betr. Fragen ein wenig Aufmerksamkeit und Theilnahme zuzuwenden.

Endlich soll nicht verkannt werden, daß die politisch so sehr bewegten letzten Decennien, wie für ruhige intensive Kulturarbeit überhaupt, so auch für den Fortschritt in der Frauensache eine nur wenig günstige Epoche gebildet haben. Ueber dem Lärm und Geräusch wichtiger äußerer Fragen wurden mehr innere Interessen übersehen und die leise mahnende Stimme der Frau überhört.

Aber — wird man uns hier entgegnen — und dieser Einwand bezeichnet den 2. und wichtigsten Theil der uns gestellten Aufgabe: — Ist es denn überhaupt wünschenswerth und nothwendig, daß diese Bewegung weitere Dimensionen annimmt? Ist denn diese ganze sogen. Frauenemancipation überhaupt berechtigt? Haben sich die vorhandenen Zustände nicht durch die Erfahrung als gut bewährt? Man lasse doch unsere braven Frauen und Töchter nach der Mütter und Großmütter Weise weiter leben und wirken im stillen Kreise des Hauses, als Priesterinnen der Sitte, als Hüterinnen der heiligen Flamme des häuslichen Herdes. Die Frauen selbst wollen ja nichts anderes und die Männer erst recht nicht?

Aber abgesehen davon, daß doch in der That viele Frauen und Männer anders wollen, so hat sich auch die Entwicklungsgeschichte socialer Zustände noch stets verzweifelt wenig darum gekümmert was Einzelne oder ganze Volkskreise gewollt haben; sie ist nach unerbittlichen Naturgesetzen fortgeschritten, ohne auf Haß und Liebe, auf Frohlocken und Wehmuth ihrer Opfer zu achten. Denn auch die sociale Entwicklung der Menschheit ist nichts als ein Naturprozeß, der sich vor anderen nur durch die Mannich= faltigkeit und Komplicirtheit der betheiligten Faktoren aus= zeichnet.

Die innere Berechtigung oder richtiger die innere Nothwendigkeit der Frauenbewegung zeigt sich am besten, wenn wir einen Blick auf die Gestaltung der Verhältnisse werfen, welche das Loos der Frau in der Entwicklung der Kultur bisher bestimmt haben. Es ist vorzugsweise die materielle Seite des Lebens, welche, wie überhaupt bei der Kulturgeschichte, sich uns hier zeigt; freilich sind damit ethische Momente untrennbar verbunden, deren noch besonders gedacht werden soll.

Im Anfang menschlicher Gesittung, wo zuerst der Frauenraub und dann der Kauf die völlig legitimen Formen der Eheschließung sind, ist die Frau noch nicht mehr als eine Sache. Sie ist die Sklavin des Mannes. „Sie gebiert Kinder und säugt sie, übernimmt den Herd, die Zubereitung der Speisen, die Anfänge der ersten Industrie. Der feinere Knochenbau, das Vorherrschen des Zellgewebes, weist ihr selbst diese Arbeitssphäre an, während der Mann, im Besitze größerer physischer Kraft, die seine im Kampf, Jagd und dergl. findet."

Indessen ist die Stellung der Frau in dieser früheren Periode der Kultur sehr verschieden, den vielfachen Schattirungen des ersten Kulturlebens entsprechend. Man darf durchaus nicht wähnen, daß die Frau immer ganz recht- und schutzlos dagestanden habe. Bei vielen Völkern war es für den Mann keine leichte Sache, in Besitz einer begehrten Frau zu kommen; oft sah sich der Unbemittelte genöthigt, im Hause der Schwiegereltern Knechtsdienste zu leisten, um die Frau zu verdienen, wovon ja die Bibel ein bekanntes Beispiel verzeichnet. Ja unter Umständen bietet die eigene Familie der Frau einen so mächtigen Rückhalt, daß sie eine wahre Tyrannei über ihren Gemahl ausübt.

Noch heute zeigen die Basken ein prägnantes Beispiel von der völligen Gleichstellung der beiden Geschlechter besonders bezüglich der Erstgeburt und des Erbrechtes. Und bei dem buddhistischen Volke der Burmesen auf der Halbinsel Malacca fand die Gräfin-Nostitz die Ziele der Emancipation als bestehende Zustände. Beide Geschlechter genießen dort dieselben Rechte, und bei keinem der indischen Naturvölker soll das Leben ein gleich harmonisches und gesittetes sein.

Ja, es läßt sich sogar nicht in Abrede stellen, daß im weiteren Fortgang der Kultur bezüglich der Stellung der Frau manchmal höchst charakteristische Rückschritte zu beobachten sind.

Als unsere Urahnen zuerst auf dem Schauplatz der Geschichte auftraten, da waren ihre Frauen ihnen noch liebe gleichstehende Genossinnen, die mit hinauszogen in den Kampf, die Männer anfeuernd und im Nothfall unterstützend; die als Priesterinnen der Gottheit walteten und als weise Rathgeberinnen bei wichtigen Beschlüssen geehrt und geachtet wurden. Die Heldenlieder alter Zeit feiern das heldenmäßige Weib wie Brunhild weit mehr als die stillen und schwachen Frauencharaktere, wie Chrimhild sie repräsentirt. Im Lauf der Jahrhunderte sank jedoch das deutsche Weib von diesem erhabenen Piedestal mehr und mehr herab. Bemerkenswerth ist der Einfluß des Christenthums auf die Stellung der Frau. Einerseits haben die kosmopolitischen und humanen Ideen, welche den Kern dieser neuen Weltreligion bildeten und nach denen alle Menschen gleichberechtigte Glieder einer großen Familie, Kinder eines Vaters sein sollten, nicht wenig dazu beigetragen, die Stellung der Frau zu heben, zumal da, wo sie noch in Sklavenfesseln schmachtete. Auch der Umstand, daß in der Lebensgeschichte des Erlösers heiligen Frauen eine so hervorragende Rolle zufiel und besonders der später sich entwickelnde Marienkultus diente dazu, der Frau ein höheres Relief zu geben.

Dennoch muß andererseits constatirt werden, daß mit dem Auftreten des Christenthums Ideenrichtungen sich geltend machten, ursprünglich dem Geiste desselben fremd, darum aber nicht weniger mächtig, welche entgegengesetzt wirkten. Nach dem wüsten Sinnestaumel der römischen Kaiserzeit trat als naturgemäße Reaction die Begeisterung der Askese auf. Die Sinnlichkeit überhaupt, auch in ihren natürlichsten und gesundesten Formen, war in Mißkredit gekommen, und mit ihr das Weib, welches als Trägerin derselben angesehen ward. Enthaltung von der Ehe galt als höchst verdienstlich; nur „um der Schwachheit willen unseres Fleisches" ward dieselbe noch geduldet. „Wer heirathet, thut wohl, wer nicht heirathet, thut besser."

Während die Frauen der römischen Kaiserzeit schon die Freiheit öffentlichen Auftretens besaßen und ihnen selbst Gewerbebetrieb und wissenschaftliche Studien aller Art offen standen, ward das Weib, auch das freie Weib der Germanen, im Laufe der ersten Jahrhunderte unserer Zeitrechnung

allmählich immer mehr herabgedrückt. Es wurde ihm eine
Art klösterlicher Stellung zu Theil; aus dem Kloster
entwickelte sich später der Begriff des Hauses als alleinigen
Lebens- und Arbeitsgebietes der Frau. Das herrschende
Geschlecht verdrängte mehr und mehr die Frau von allen
Feldern ursprünglich ihr eigener Thätigkeit. Vorzüglich waren
es die Kunstgewerbe, welche bis über das Mittelalter
hinaus vorwiegend von Frauen betrieben wurden. Es ist
bekannt, daß in Frankreich noch im 13. und 14. Jahrhundert die Seidenmanufaktur ausschließlich in den Händen
der Frauen lag. Auch in Cöln kommen noch im 14. Jahrhundert die Handwerke der Garnzieherinnen und Gold-
spinnerinnen vor, welche bloß von Frauen geführt wurden.
Diese Industriezweige waren damals von außerordentlicher
Bedeutung; in Cöln waren allein 80,000 Webestühle im
Gange. Aber auch andere Handwerke, welche ihren Kräften
und Fähigkeiten besonders entsprechen, standen den Frauen
offen: Schneider, Weber, Beutelmacher, Gürtler hatten neben
Meistern Meisterinnen, neben Gesellen Mägde, neben Lehr-
lingen Lehrmädchen.

Im 16. und 17. Jahrhundert erreichten es jedoch die
Meister und Gesellen, daß die Handwerksarbeit zum
Monopol des männlichen Geschlechts wurde und
schließlich wurden die Frauen fast überall in Deutschland
gesetzlich von den Handwerken ausgeschlossen.

Ein noch bezeichnenderes Beispiel bietet der Beruf der
Geburtshülfe, mit welchem in früherer Zeit auch die
Behandlung der Frauen- und Kinderkrankheiten verbunden
war. Bis in das 17. Jahrhundert war die Geburtshülfe
fast ausschließlich den Frauen anvertraut und in Frankreich
erregte es noch das höchste Aufsehen, als bei der Nieder-
kunft der Madame de Valliere ein Arzt fungirte. Auch
dieser so segensreiche und naturgemäße Beruf wurde der
Frau im 18. Jahrhundert durch Gesetz abgeschnitten und

ihre Funktionen dabei auf ganz untergeordnete rein mechanische Dienstleistungen beschränkt.

Fragt man nun, weshalb und mit welchem Recht die Frauenthätigkeit immer mehr beschränkt und eingeengt worden ist, so läßt sich keine andere Antwort darauf geben, als durch die Abneigung des männlichen Geschlechts, die Konkurrenz der Frauen zu dulden und mit dem Recht des Stärkeren. Noch immer, so lange es Menschen giebt, ist die Macht und Gewalt eine Quelle des geltenden Rechts gewesen. Dieser Waffe des Mannes gegenüber hat auch das Weib im Kampfe ums Dasein seine ersten Waffen ausgebildet, welche die Natur selbst ihm verlieh: die Gefallsucht, die List, die Verstellung. Ueberall, wo es Herrschende und Beherrschte gegeben hat, treten diese Erscheinungen in derselben Form auf. „Die Fehler des weiblichen Geschlechts sind die Fehler der Unterdrückten; der rohen überlegenen Gewalt gegenüber wird der Schwächere immer schmeicheln, lügen und betrügen."

So war denn in den letzten Jahrhunderten die deutsche Frau ausschließlich auf das Haus und die hauswirthschaftliche Thätigkeit verwiesen. Das Haus war ihre Welt. Und war es auch eine kleine, enge Welt; so gab es in derselben doch genug des Stoffes zu tüchtigem Schaffen und ersprießlicher Thätigkeit. Zudem milderten in diesen Zeiten die überhaupt engeren abgeschlosseneren Lebensverhältnisse, die auch das Leben des Mannes beherrschten, das Drückende, welches uns in der Existenz der damaligen Frau zu liegen scheint. Die Schwierigkeit des Reisens wegen Mangel an Verkehrsstraßen, die Rohheit und Unsicherheit der öffentlichen Zustände machten das ganze Leben zurückgezogener und häuslicher.

Aber eben in diesem einseitigen engen Leben dürfte auch der hauptsächlichste Entstehungsgrund zu jener specifischen Geistesrichtung der Frau liegen, allgemeine

Ideen nur vom persönlichen Standpunkte aufzufassen und nur für die einzelne concrete Lebenserscheinung ein offenes Auge zu haben.

An Arbeit für die Frau fehlte es damals nicht im Hause. Noch bis in das jetzige Jahrhundert herein wurden so ziemlich alle zum Leben und zum Genusse dienenden Producte im Hause angefertigt und man muß über die vielseitigen Fähigkeiten und Thätigkeiten staunen, welche damals zum Berufe einer Hausfrau gehörten. Alle unverheiratheten weiblichen Familienmitglieder fanden in diesen Arbeiten ausreichende Beschäftigung. Es war vielleicht ein in mancher Hinsicht hartes, oft auch niedriges Loos, welches den Frauen zufiel, aber es war doch wirkliche productive Thätigkeit, deren Resultate dem Hause und der Familie sichtlich zu Gute kamen, außerdem lag der Frau theilweise die Kindererziehung, oft auch der Unterricht, wenigstens der Mädchen, allein ob. Von der damaligen Hausfrau gilt des Dichters schönes Wort noch mit vollem Recht:

> „Sie lehret die Mädchen und wehret den Knaben
> Und rührt ohne Ende die fleißigen Hände."

Klassisch hat u. A. Justus Möser in seinen „patriotischen Phantasien"*) die damalige Thätigkeitssphäre der deutschen Hausfrau gezeichnet, und die heutige Frauenwelt wird billig staunen, wenn sie von der vielseitigen Thätigkeit und Fertigkeit der damaligen Frauen hört.

Das war die Zeit der wirklichen deutschen Hausfrauen, welche sich durch die Alleinherrschaft oder wenigstens das Vorwiegen der Handarbeit charakterisirt. An Maschinen ward noch kaum gedacht. Noch war die Ehe die natürlichste und leichteste Versorgung des Mädchens; noch konnte die Frau in Hauswirthschaft und Kindererziehung ihre körperlichen und geistigen Kräfte ausreichend bethätigen.

---

*) Vergl. v. A. die Aufsätze: „Die gute selige Frau" und „die Osnabrücker Spinnstube."

Noch war sie zufrieden mit ihrem Loos, welches sie als ein von Gott verordnetes naturnothwendiges ansah; es gab nur wenig „unverstandene Seelen;" Klagen über fehlende Rechte wurden noch nicht geäußert, mögen auch einzelne Herzen immerhin tief geblutet haben. Es war eine Zeit der Stagnation. Gemüthlichkeit und Ruhe herrschte über Land und Meer!

Da fielen zwei brennende Funken in die damalige civilisirte Welt. Der eine in der Form einer Idee entsprang dem düsteren Brande der französischen Revolution und glimmte in Deutschland, einstweilen kaum bemerkbar, fort. Der andere stieg aus dem Schlot der ersten Dampfmaschine empor und wandelte in kurzem Siegeslaufe die ganze materielle Kultur völlig um.

Auf den Schienen der Eisenbahn rollen Güter und Menschen kreuz und quer über das feste Land; mit immer zunehmender Geschwindigkeit durchfurchen Dampfer die Meere; der elektrische Strom trägt den Gedanken blitzesschnell über den Erdball. Der Dampf reißt das Weberschiffchen, den Rocken, die Nadel, einst die klassischen Attribute weiblichen Fleißes, aus den Händen der bestürzten Frau. Das mächtige Princip der Arbeitstheilung und Centralisation setzt die Frau auf einmal gewissermaßen außer Thätigkeit; als kleine Reste früheren Wirkungskreises bleiben allein Küche, Wäsche und Strickstrumpf! Und auch diese Ueberbleibsel werden ihr mehr und mehr streitig gemacht; mag sie sich auch noch so fest an dieselben anklammern; mag sie auch noch heute Kochlöffel und Strickzeug als Symbole ihres Berufes verehrt wissen wollen.*)

Dieser Gang der Entwicklung macht sich in seiner ganzen Schärfe allerdings hauptsächlich im städtischen Leben

---

*) Vergl. über diese Entwicklung u. A. in: „Die Wage," Wochenblatt für Politik und Literatur, Jahrgang 1875 Nr. 29, den höchst bemerkenswerthen Aufsatz: „Die Frauenfrage." Eine Skizze in naturwissenschaftl. Auffassung von einer deutschen Frau.

bemerkbar; der Landhaushalt, zumal unter weniger bemittelten Verhältnissen, bietet auch heute noch der wirthschaftlichen Thätigkeit einer tüchtigen Hausfrau ein genügendes Arbeitsfeld.

Die im Leben und Wirken der Frau entstehende Leere ward bald deutlich genug empfunden; man versuchte sie mit anderem Inhalt auszufüllen. Die Folge war das Streben, das weibliche Geschlecht geistig weiter zu bilden, war die Gründung von höheren Töchterschulen und Pensionaten, häufig in wahren Zerrbildern ihrer eigentlichen Bestimmung. Es folgte die herrliche Zeit der endemischen Clavierspielmanie, der meist fruchtlosen Versuche, fremde Sprachen sprechen, vielleicht sogar lesen und schreiben zu lernen und anderer verwegner Bestrebungen. Der Wille war oft der beste, die Fähigkeit nicht selten ausgezeichnet und doch das Resultat unter jeder Kritik! Alle diese Bildungsversuche waren schon in ihrer Wurzel krank; ihnen fehlte die wichtigste Grundlage all und jeden Strebens: Der Ernst! Während von jeher die Bildung des Knaben, des Jünglings durch ernste specielle Studien begründet und ausgebaut ward, hielt man für das Mädchen das oberflächlichste Sammelsurium von allen möglichen wissenswerthen und wissensunwerthen Disciplinen für hinreichend, ihr die erstrebte Bildung und Geisteskultur zu geben.

Die höhere Töchterschule wie die ihr folgenden Vorträge und weiteren Bildungseinrichtungen zeigen noch heute jene bunte Oberflächlichkeit, die Paul Heyse in seiner Fastenpredigt über Frauenemancipation so humoristisch verspottet:

> Von allem nur die Blume, nur den Saft,
> Heut Humboldts Kosmos, morgen Kant und Fichte;
> Ein heitrer Vortrag über Stoff und Kraft,
> Ein Blick in römische Kulturgeschichte;
> Zoologie Geologie, Botanik,
> Akustik, Ethik, himmlische Mechanik.

Dann tritt ein hochberühmter Forscher auf,
Und spricht zwei Stündlein über Karl den Kahlen;
Auch der Statistik läßt man freien Lauf,
Nur schenkt man euch die leidig trocknen Zahlen;
Der Chemiker spielt vollends den Galanten
Und macht ein Feuerwerk von Diamanten.

Nicht wahr, das blitzt, das funkelt? und zu Haus
Arbeitet dann das Fräulein Nachts verstohlen
Wie ein Student ein sauberes Heft sich aus
Und schreibt: Diamanten brennen wie die Kohlen!
Dann legt sie sehr gebildet sich zu Bette
Und träumt — vom letzten Ball, was gilt die Wette?

Die Folge dieser herrlichen Erziehungs- und Bildungsweise war das Nichts oder wie die verstorbene Luise Büchner sich so treffend ausdrückte, war die Ausbildung weiblicher Nichtsen („Nixen"), die von den wirthschaftlichen Tugenden ihrer Mütter und Großmütter nichts mehr besaßen und an neuen Errungenschaften nichts Positives aufzuweisen hatten; unglückliche Zwitterwesen, auf denen für ihr ganzes Leben der Fluch der Halbheit lastet.

Es ist beschämend, constatiren zu müssen, daß die Männer diesem Unwesen ruhig zusahen, ja größtentheils noch heute apathisch zuschauen. Die Frauen selbst mußten die Initiative ergreifen, diesen heillosen Zuständen abzuhelfen. Bescheiden und zaghaft, wie die deutschen Frauen im Allgemeinen sind, wagten sie nicht etwa von vornherein die Berechtigung ihrer untergeordneten Stellung überhaupt in Frage zu ziehen, sondern begnügten sich damit, zunächst eine bessere und gründlichere Ausbildung eben für die ihnen von den Männern überlassenen Thätigkeitszweige zu fordern. Es ist dies im wesentlichen der Standpunkt sowohl des Lettevereins wie des Allgemeinen deutschen Frauenvereins: Wenn denn schon einstweilen die Frau vorzugsweise nähen, kochen, waschen u. s. w. soll, so mag sie wenigstens dies gründlich lernen! So bescheiden dies klingt, so liegt doch eben in diesem Princip ein außerordentlicher Fortschritt gegenüber den bisherigen Zuständen.

So sind denn an vielen Orten Schulen und Unterrichts= kurse für die verschiedensten weiblichen Berufsarten gegründet: Zeichenschulen, Setzerinnenschulen, Schulen für Kranken= pflegerinnen, Kindergärtnerinnen und Lehrerinnen, für Köchinnen, Wäscherinnen, Näherinnen; endlich auch Lyceen für bessere und gründlichere allgemeine Bildung der Frauen. Mit den Fortschritten in dieser bürgerlich praktischen Richtung der Frauenfrage ist der Name einer deutschen Frau unzertrennbar verknüpft, welche leider schon zu den Heimge= gangenen zählt, Louise Büchner. Was sie unter der huldreichen Protection ihrer fürstlichen Freundin in ihrer Vaterstadt in dieser Hinsicht geschaffen, was sie außerdem literarisch und persönlich für die Frauensache gethan, wird ihr ein rühmliches Andenken sichern. Beide, L. B. wie die hohe Gönnerin der Frauensache, die Großherzogin Alice, ruhen jetzt schon aus von ihrer segensreichen Arbeit. Die Geschichte der Cultur aber wird ihre Namen bewahren und die deutsche Frau ihnen eine dankbare Erinnerung weihen.

Der materiellen Entwicklung geht die ethische zur Seite. Aus der leibeigenen Sklavin ist in langsamem, oft scheinbar in Kreuz und Querlinien verlaufendem Fortschreiten die Hausfrau geworden, die wenigstens in ihrem kleinen Kreise eine selbständige und berechtigte Stellung einnahm. Jetzt fallen die Schranken dieses Kreises und unsicher tastet die Frau im größeren Raum umher, nach einem festen Standpunkt suchend. Noch ist sie nicht dem weiteren schwieri= geren Leben entsprechend ausgerüstet; sie versteht nicht ihre neue Stellung; ja sie versteht ebenso nicht mehr ihren früheren Hausherrn. Die Ehen werden seltener und seltener; allein muß der Mann den Kampf ums Dasein führen, in dem ihm die nicht gleichmäßig ausgerüstete Frau nur eine hemmende Last, nicht eine wahre Gehülfin ist.

Sein bestes Gefühl, seine tiefste Kraft muß verkümmern, während er einsam dahin vegetirt; Ausschweifungen und Laster bemächtigen sich seiner, da kein hemmendes und rettendes sittliches Moment in Gestalt eines geliebten Weibes ihn fesselt. Und wenn er wirklich heirathet, so sind die Fälle nicht selten, wo er durch die Frau in nicht langer Zeit seine frühere Elasticität verliert und auf ein niederes Niveau sinkt, anstatt gehoben und veredelt zu werden!

Auf weiblicher Seite sieht es nicht minder traurig aus; unbefriedigt, eines wirklichen wahren Lebenszwecks entbehrend, welken Tausende unglücklicher weiblicher Wesen dahin, nicht einmal durch selbstbefriedigende Arbeit für entgangenes Lebensglück entschädigt! Und gerade uns, die wir auf dem Boden der fortgeschrittenen Naturwissenschaft stehen, ist erst recht die unendliche Bedeutung, die geheimnißvolle Tiefe der menschlichen Ehe zum Bewußtsein gekommen; wir vermögen ihren Werth vom höchsten und universellsten Standpunkte aus zu würdigen. Wir wissen, welche Pflicht nicht nur gegen uns selbst, sondern gegen die Menschheit wir mit der Ehe eingehen. Aber freilich bedürfen wir eines Weibes, welches zugleich Mensch ist im höchsten und besten Sinne des Wortes. Uns genügt nicht mehr die Frau als Wirthschafterin im Hause; wir wissen nicht die Ausschmückung des Salons als hauptsächlichsten Lebenszweck der Frau zu würdigen: Wir ersehnen, wir bedürfen eine uns gleichstehende Freundin und Genossin, welche mit uns lebt, kämpft und, wenn es sein muß, leidet. Wahre reine Liebe dünkt uns nur unter Freien und Gleichstehenden möglich! Wir wollen nicht auf unsere Lebensgefährtin herabsehen und in ihr ein kindliches, untergeordnetes, schonungsbedürftiges Wesen erblicken, welches uns vielfach unverständlich ist; welches auch uns nicht versteht; wir wollen nicht mehr ausschließlich der Herr, sondern der Gatte und Freund unseres Weibes sein!

Und diese unsere idealistisch erscheinenden Anschauungen beruhen auf sehr realistisch praktischer Basis. Der Lebenserwerb wird stets schwieriger; es ist ein wesentlicher Unterschied, ob ein oder zwei Mitglieder der Familie erwerbend auftreten. Bisher hat uns die Frau, welche keine Mitgift besaß, im günstigsten Falle eine Wirthschafterin oder Köchin erspart; jetzt sind diese Funktionen in ihrem Werth erheblich gesunken und es ist nicht mehr wie billig, daß die Frau andere Güter zu der auf der Basis gleicher vermögensrechtlicher Leistungen zu schließenden Ehe mitbringt. Denn das alte Theorem, daß der Mann seine Frau ernähren müsse, ist schon seit Culturperioden eine leere Phrase geworden; der fehlende Besitz hat noch immer durch verlangte Leistungen ersetzt werden müssen! Schon das älteste römische Eherecht hat den Grundsatz der vermögensrechtlichen Gleichstellung beider Gatten zum klaren Princip erhoben.

Das ist der gegenwärtige Standpunkt, den die Frauensache erreicht hat. Was nun weiter?

Stillstand ist in der Natur nirgend möglich. Es giebt nur Werden und Vergehen; Entwicklung in aufsteigender oder absteigender Linie. Welchen Weg soll und wird die Frauenbewegung einschlagen? Kann und soll sie nach höherem und weiterem Ziele ringen? Wir behaupten zunächst: sie kann.

Wieder tritt die materielle Seite der Frage in den Vordergrund. Ueber kaum eine Kontroverse herrschen so widersprechende Ansichten in der Literatur wie im Leben, als über die Fähigkeit des weiblichen Geschlechts für weitere und neue Kreise der Thätigkeit; über keinen Punkt ist aber auch mit soviel Parteilichkeit und Mangel an Verständniß geurtheilt worden. Zumal von männlicher Seite. Selbst hochgelehrte Professoren haben in dieser Beziehung Urtheile sich zu Schulden kommen lassen, welche nicht nur an ihrem Billigkeitsgefühl und ihrer objectiven Gerechtigkeitsliebe, der unerläßlichen Kardinaltugend des wahren wissenschaftlichen Forschers, sondern an noch weit elementareren menschlichen Verstandeseigenschaften zu zweifeln berechtigen. So bedauerlich es ist als Mann dies eingestehen zu müssen, so erklärlich ist es, wenn man die Art und Weise kennt, wie solche Ansichten bei übrigens verdienten Männern entstehen.

Der Mann kennt im Allgemeinen nur wenige Frauen genauer, nach denen er naturgemäß alle anderen beurtheilt. Häufig kennt er bloß **seine** Frau, manchmal auch diese nicht einmal vollständig. Ist er nun noch dazu, wie der deutsche Professor, durch seinen Beruf an die Welt des Studirzimmers und ihren Ideenkreis gefesselt, so hat er auch keine Zeit, solche Lebensfragen im Leben selbst zu studiren; bei der ihm innewohnenden Ueberzeugung von seiner Bedeutung und Autorität zaudert er jedoch keinen Augenblick mit würdevollem Pathos sein Verdikt auszusprechen über Dinge, die er eigentlich gar nicht kennt und gar nicht verstehen kann, ohne aus seiner kleinen Ideenwelt in die große wirkliche hinauszutreten. Selbst bedeutende Männer haben sich in dieser Angelegenheit unsterblich blamirt; **nomina sunt odiosa**. Wer verfolgt hat, wie z. B. Frau Hedwig Dohm in ihren beiden Schriften „**von der wissenschaftlichen Emancipation der Frau**" und „**der Frauen Natur und Recht**" schneidig und treffend einige jener Kapacitäten abfertigt, welche sich gemüßigt gefunden hatten, ihren Scharfsinn an der Frauenfrage zu üben, der kann nicht umhin, den betr. Herren nur ein wenig von der Geistesschärfe und der logischen Klarheit ihrer Gegnerin zu wünschen. Es ist sehr bezeichnend, daß die auf Seiten der Frauen stehenden Männer fast immer durch ihre eigene glückliche Ehe dazu geführt wurden.

Leider sind Ehen wie die Stuart Mills, wie die Lewes-Elliot, Stahr-Lehwald nur zu selten.

Dann aber wird die ganze Frage vielfach völlig **unrichtig** aufgefaßt. Man thut so, als ob es sich denn jetzt darum handele, alle Frauen zu Aerzten, Advokaten, Richtern, wo nicht gar zu Offizieren und Ministern zu erziehen! als ob man jedes Mädchen, und wenn es noch so sehr beim Strickstrumpf, am Heerde und an der Näh= maschine seine Befriedigung findet, mit polizeilicher Gewalt auf die Akademie führen und zum Studium der höheren Mathematik zwingen wolle, ähnlich wie heutzutage in den mittleren und höheren Ständen fast jeder Knabe, auch wenn er noch so sehr negative Anlagen besitzt, mit aller Gewalt in irgend ein mehr oder minder gelehrtes Studium hereingepreßt wird!

Besorgte Väter und Mütter protestiren im voraus gegen diese Vergewaltsamung ihrer nicht immer gehirnreichen weiblichen Descendenz. Aber wer hat denn je solche un= menschlichen Forderungen aufgestellt! Es handelt sich einzig und allein darum, den **immerhin nicht allzu zahl= reichen, entsprechend begabten, durch zwingende Noth oder unwiderstehlichen inneren Trieb gedrängten weiblichen Wesen** die Möglichkeit zu Erwerbung und Verwerthung der Kenntnisse und Fertigkeiten geeigneter Berufszweige zu geben.

Genügt einer Frau der bisherige Kreis ihrer Thätig= keit; nun gut, Niemand wird sie zwingen, weiter zu streben. Vor allem die verheirathete Frau wird meistens ihren ausschließlichen Beruf eben in der Ehe und ihren Consequenzen finden. Es ist das ja auch ein Beruf und wahrlich nicht der schlechteste.

Hinsichtlich der **anatomischen** und **physiologischen** Unterschiede, welche man als Beweismittel für die behauptete Inferiorität des Weibes und ihre hierausfolgende Unfähigkeit zu jedem höheren Studium angeführt hat, ist die Sache noch sehr zweifelhaft. Bis jetzt widersprechen sich die verschiedenen Angaben noch in der wunderbarsten Weise. So z. B. bezüglich des **Gehirngewichts**, welches lange Zeit wegen seiner bei Frauen etwas geringeren **absoluten** Größe als unwiderlegliches Moment für die männliche Ueberlegenheit herhalten mußte, bis sich herausstellte, daß das **relative** Hirngewicht d. h. das Verhältniß zum Gewicht des gesammten Körpers beim weiblichen Geschlecht bedeutender sei als beim Manne. Uebrigens beweist, wie Reclam neuerdings nachgewiesen hat, die Größe weder des absoluten noch des relativen Hirngewichts etwas für die geistige Begabung. Gauß z. B. der bedeutendste deutsche Mathematiker dieses Jahrhunderts, hatte ein kleineres, aber freilich eigenthümlicher gewundenes Gehirn als die meisten Waschfrauen zu besitzen pflegen.

Es ist aber überhaupt kaum möglich, auf Grund unserer bisherigen Kenntnisse aus **anatomischen und physiologischen** äußeren Merkmalen sichere Schlüsse a priori auf Begabung und Fähigkeit zu machen; vor allem schon deshalb nicht, weil sich niemals wird feststellen lassen, was von diesen Besonderheiten auf **konstanten Geschlechtsattributen** beruht und was auf Rechnung **jahrtausendelanger Gewöhnung und Vererbung** zu setzen ist. Denn nach allgemein anerkannten Naturgesetzen wirkt der Gebrauch resp. Nichtgebrauch von Organen sowie die ganze Lebensweise im Laufe der Generation bildend und umgestaltend auf den ganzen Organismus ein und es ist nicht unbegründet anzunehmen, daß eine wirklich vorhandene mindere Begabung durch Uebung und Ausbildung sich wird ausgleichen lassen. Man vergleiche nur jene unglücklichen Wesen, denen als erste Tugend das Stillsitzen gelehrt wird, die ihre besten Jugendjahre in der Stube bei sogen. „weiblichen Hand=

arbeiten" verbringen müssen mit einem Mädchen, welches durch Turnen, Reiten, Schwimmen und andere körperliche Uebungen gestählt ist und dem die frische Luft noch als wirkliches Lebenselement gilt; man wird gar bald jene Redensarten von der natürlichen weiblichen Schwäche und Hülflosigkeit u. s. w. als das erkennen was sie sind, heuchlerische Phrasen. Selbst die größere Muskelkraft des Mannes ist unbestreitbar vorwiegend auf seine Thätigkeit zurückzuführen. Die Natur hat beide Geschlechter verschieden gebildet; diese Unterschiede sind ewige Gesetze, aber in ihnen ist nichts zu lesen von geringerer Fähigkeit und prädestinirter Beschränkung auf ein enges Gebiet. Sehen wir in das freie Naturleben, überall bewegen sich beide Geschlechter in demselben Kreise, nur daß dem männlichen vorzugsweise die kriegerische Seite des Lebens zufällt. Er bekämpft den Nebenbuhler und schafft sich ein von ihm allein beherrschtes Terrain; sie vertheidigt die Nachkommenschaft; für den Unterhalt sorgen beide gemeinsam oder auch jeder für sich allein.

Noch dunkler wie das physiologische ist das psychologische Gebiet, bezüglich der besonderen Geschlechtseigenschaften. Es ist bekannt, daß Schopenhauer hinsichtlich der Vererbung den Mann zum Träger des Willens, des Charakters, machte, das Weib dagegen zur Trägerin der Intelligenz, des Verstandes, wobei jedoch immer auch die intellectuelle Ueberlegenheit des Mannes vorausgesetzt wird. Nach ihm sollte der Vater maßgebend sein für Gestaltung des Charakters, die Mutter für die des Intellects. Bei dieser Gelegenheit macht der große Philosoph die unbestreitbare drastische Bemerkung: „Wer eine Gans zur Mutter und eine Schlafmütze zum Vater gehabt, der schreibt keine Iliaden."

Auf Grund der Schopenhauer'schen Pilosophie hat

neuerdings Emmerich du Mont in dem übrigens anziehend und geistreich geschriebenen Buche, „das Weib," versucht, die intellectuelle Inferiorität aber moralische Superiorität des Weibes im Vergleich zum Manne nachzuweisen. Ohne seinen Beweis als gelungen anzusehen, kann man schließlich sich dem Resultat seiner Untersuchungen insofern anschließen, als daraus folgt, was freilich jedem vorurtheilsfreien Denker schon bekannt war, daß ein Unterschied zwischen den Auffassungen und Leistungen beider Geschlechter thatsächlich besteht; die des Weibes sind eben andere, ohne deswegen schlechtere oder unrichtigere zu sein; andere Gesichtspunkte herrschen vor, welche deswegen nicht grade geringwerthiger zu sein brauchen. Im Gegentheil ist mit Sicherheit zu erwarten, daß eben durch diese eigenartige geistige Organisation das Weib auch der Wissenschaft neue Gedankenrichtungen wird zuführen können.

Die moderne Naturwissenschaft verwirft übrigens und mit Recht derartige abstrakte Beweise und Folgerungen, welche auf nicht sicher feststehenden Theorien beruhen; ihre Beweismethode ist entweder die historische auf Grund sicher verbürgter Erfahrungen, oder die experimentelle auf Grund angestellter Versuche. Wenden wir diese Methoden auch auf unsere Frage an, so ergeben sich folgende Thatsachen.

I. Es hat zu allen Zeiten und bei fast allen Kulturvölkern berühmte und tüchtige weibliche Aerzte, Rechtsgelehrte, Lehrerinnen u. s. w. gegeben, obgleich es der Frau nur ausnahmsweise und nur mit Ueberwindung der größten Schwierigkeiten möglich war, sich die erforderlichen Kenntnisse zu erwerben.

II. Ueberall, wo in neuerer und neuster Zeit das Experiment gemacht worden ist, den Frauen weitere Berufsarten zu eröffnen, haben sich diese in fast allen neuen Thätigkeiten gut und brauchbar bewährt und im Ganzen und Großen den Männern nicht nachgestanden.

Blicken wir bezüglich des letzteren Satzes nach Amerika. In der Bundesverwaltung zu Washington sind mehr als 1300 Frauen als öffentliche Beamte beschäftigt. Dieselben haben die vorgeschriebenen Prüfungen ebenso bestanden wie die Männer, arbeiten ebenso gut wie diese und ihre Gegenwart in den Büreaus soll sogar nicht wenig zur Hebung des Anstandes und der Sitte beigetragen haben.

Mehr als ⅔ der Lehrerstellen in den Vereinigten Staaten werden von Frauen eingenommen und sind trotzdem oder gerade deswegen die öffentlichen Schulen musterhaft. Ebenso werden zahlreiche Postmeister=, Telegraphisten= und Steuerbeamtenposten von Frauen bekleidet, die nicht weniger häufig als Aerzte, Prediger, Advokaten, Journalisten u. s. w. thätig sind und fast durchweg mit vorzüglichem Erfolge.

Wo überhaupt das Experiment der Hebung und besseren Stellung der Frau gemacht ist, hat es die besten Resultate geliefert. Der Beweis für die materielle Möglichkeit und Zweckmäßigkeit dieser Maßregel ist somit nach strengster Methode als erbracht anzusehen.

Auch mit der deutschen Frau möge man daher diesen Versuch furchtlos anstellen; bewährt sie sich nicht; nun so mag sie in ihrer Aschenbrödelstellung verharren, dann ist diese nur gerecht und verdient. Alles was verlangt wird, ist eben die Möglichkeit des Experimentes.

Daß auch ethische und ästhetische Bedenken der Erweiterung der Frauenthätigkeit nicht entgegenstehen, bedarf kaum einer Erörterung. Man müßte denn die Kühnheit haben, zu behaupten, daß die gegenwärtig meist den Frauen obliegenden doch wahrhaftig weder für Herz noch Geist ansprechenden Verrichtungen wie Scheuern, Kochen, Waschen von anderen noch häßlicheren ganz zu schweigen, sittlich und ästhetisch schöner seien als die geistige Thätigkeit einer Lehrerin, oder der humane Beruf einer Aerztin. Und was besonders bezüglich des letzteren Berufes von Erregung von Ekel, Verletzung der Schamhaftigkeit und anderen Gefahren als hindernder Grund angeführt wird, so meinen wir, daß das, was bisher der Krankenpflegerin, der Diakonissin und barmherzigen Schwester ohne Gewissensskrupel zugemuthet wurde, auch der wissenschaftlich ungleich höher gebildeten Aerztin nicht schaden wird. Den ängstlichen Gemüthern aber, welche den Untergang aller Weiblichkeit und aller jener zarten Eigenschaften, welche den Mann zum Weibe hinziehen, durch eine bessere Bildung und erweiterte Thätigkeit der Frau herannahen sehen, möchten wir zu Troste versichern, daß noch nie eine höhere Bildung und entwickeltere Intelligenz jene elementaren Natureigenthümlichkeiten geschädigt hat.

Im Gegentheil; noch immer haben die gescheutesten gebildetesten und selbständigsten Frauen, gleiche körperliche Reize vorausgesetzt, vor ihren einfacheren Mitschwestern auch bei der Mehrzahl der Männer den Sieg davongetragen. Die Erfolge der Künstlerinnen jeder Art werden nicht zum geringsten Theil diesem Umstande verdankt. Und was die Sittlichkeit anlangt, so ist dieselbe durch höhere Bildung ebenfalls noch nie beeinträchtigt worden:

"Unsittlich ist nur eins: sein tiefstes Leben
Hinopfern, um am dumpfen Brauch zu kleben!"

Es kann nun leicht die Frage aufgeworfen werden: Was kann die Frau bei ihren natürlichen Eigenschaften denn alles werden; welche Thätigkeits- und Berufskreise kann sie denn ergreifen? Eine definitive abschließende Antwort läßt sich hierauf schon deshalb nicht geben, weil die Kulturverhältnisse in steter bewegter Entwicklung begriffen sind; alte Arbeitszweige aufhebend, neue schaffend, schon bestehende umformend und erweiternd.

Dennoch lassen sich einige große Gruppen von berufsmäßiger Thätigkeit schon jetzt bezeichnen, welche der Frau ohne weiteres Bedenken freigegeben werden können und auch wohl zunächst anheimfallen werden. Es ist dies der lehrende Beruf in seiner weitesten Ausdehnung besonders soweit das weibliche Geschlecht und das kindliche Alter des männlichen in Frage kommen; die meisten Beamtenkategorien aller Branchen, wo es sich weniger um energische rasche Initiative als sorgsame Registrirung und gleichmäßige wiederkehrende Funktionen handelt; der Beruf des Arztes und des Rechtskundigen. Das Feld der literarischen Thätigkeit wird ja schon heute in ausgedehntester Weise auch von deutschen Frauen bebaut.

Als nothwendige Grundlage zugleich und als wesentlichstes Ziel aber aller dieser Bestrebungen muß die Erwerbung des Stimmrechtes zunächst für die alleinstehende selbständige Frau gelten. Es ist in der That nicht abzusehen, weshalb für die Ausübung des Stimmrechts lediglich das Geschlecht maßgebend sein soll. Wodurch verdient denn der beschränkteste Bauer diesen Vorzug vor der klügsten scharfsinnigsten Frau, die ebenso gut zu allen Lasten und Steuern beizutragen hat wie der Mann? Wenn der betrunkene Lastträger, wenn, wie in Amerika der Fall, der stupideste Neger zur Wahlurne zugelassen wird, weshalb soll die Frau ausgeschlossen bleiben, bloß deshalb, weil sie Frau ist? Hedwig Dohm sagt nicht mit Unrecht: Ohne politische Rechte ist die Frau völlig machtlos und der Willkühr des Mannes preisgegeben. In rechtlicher Beziehung steht bis jetzt die Frau dem Manne nur vor dem Strafrichter gleich und wird im übrigen ähnlich wie Blödsinnige und wie Kinder angesehen. Wenn man überhaupt von Menschenrechten spricht und dieselben anerkennt, so kennen diese kein Geschlecht.

Aber auch bezüglich des Stimmrechtes der Frau

können wir die exakte Methode der experimentellen Untersuchung zur Anwendung bringen. In dem amerikanischen Territorium Wyoming ist seit 8 Jahren das Frauenstimmrecht eingeführt und hat sich nach allen kompetenten Urtheilen ausgezeichnet bewährt. Der gegenwärtige Gouverneur hat in seinem letzten amtlichen Bericht wörtlich erklärt: „Der Einfluß der stimmenden und wählenden Frauen ist, wie ich selbst mit großer Sorgfalt beobachtet habe, bewundernswerth. Die Legislatur, die Presse, die Kanzel stimmen alle darin überein, daß das Frauenstimmrecht die öffentliche Moral erhöht und in der Wahl der Gesetzgeber und Beamten sich als äußerst wohlthätig und wirksam für das gemeine Beste bewährt hat."

Was hindert nun die Durchführung dieser, wie gezeigt worden ist, durchaus **möglichen** und **angemessenen** Reformen? Was **hält die Frau ab**, diese Rechte zu beanspruchen und auszuüben?

Die wichtigsten weil mächtigsten **Hindernisse** bietet das **männliche Geschlecht**. Es ist dies ein ganz naturgemäßer Vorgang. Noch nie haben herrschende Klassen **freiwillig** auf ihre Vorrechte verzichtet. In diesem Falle kommt nun noch eine gewisse **natürliche Grundlage** der männlichen Herrschaft hinzu, welche auch die **Unterordnung des Weibes als naturgemäß** erscheinen läßt. Und es ist wahr; es würde heißen die Natur verkennen, wenn man nicht bereitwillig zugäbe, daß allerdings auf dem Naturgebiete der Mann mit Recht als der erste gilt — weil er der stärkste von beiden ist. Aber diese Anschauungsweise kann doch nur für den Kreis der einzelnen Familie volle Berechtigung beanspruchen und gilt nicht im Allgemeinen dem ganzen Geschlechte gegenüber. Und wenn es auch Naturgesetz wäre, daß der Mann der Herr des Weibes ist, so ist es doch wenig ruhmvoll, über ungebildete Sklaven zu herrschen. Wenn der Mann denn meint ein Geschlechtsprivilegium zu besitzen, so mag er doch die schwächere unterworfene Klasse wenigstens zu intelligenten brauchbaren Dienern und Genossen zu erheben suchen. Es ist ein völlig falscher männlicher Egoismus, das Weib durchaus in seinen engen Schranken festhalten zu wollen. Denn seine Konkurrenz darf doch derjenige nicht fürchten, der sich von Natur oder Gottesgnaden überlegen und zur Herrschaft prädestinirt wähnt.

Aber gerade hier ist der Punkt, wo selbst bei den sonst ehrenwerthesten Männern so häufig die Logik aufhört. Selbst Em. du Mont, der auf 337 Seiten das männliche Privilegium zu rechtfertigen und zu begründen sucht, erklärt ganz naiv, daß das Weib u. A. deswegen sowenig zur Uebung seines Denkvermögens gelange, „weil ihm der Mann die Mühe des Denkens mehr oder minder abzunehmen pflege," „denn er sei der Herr und wolle es bleiben und selbständiges Urtheil von Seiten des Weibes könnte seine Autorität nur erschüttern!"

Im Hintergrunde schlummert fast immer bei den Männern doch eine gewisse Furcht vor entstehender Konkurrenz und vor dem Verlust ihres männlichen Privilegiums. Charakteristisch ist das Bekenntniß Laboulayes: Je crois, qu' il est prudent à tenir les femmes dans une honnête ignorance. Si nous élévions ces âmes ardentes et naives, si nous les enflammions de l'amour de la vérité; qui sait si bientôt elles ne rougiraient pas de la sottise et de la brutalité de leurs maîtres. Gardons le savoir pour nous seuls; c'est lui qui nous divinise. Notre empire est détruit, si l'homme est réconnu!"

Die Macht der Tradition und die schon früher erwähnte Einseitigkeit des Mannes, der nach seiner Marie oder Luise auf das ganze Geschlecht schließt, haben selbst bedeutende Männer zu den ungerechtesten Urtheilen über die Frau und ihren Beruf verleitet; ganz zu schweigen von offner Heuchelei und perfider Verhöhnung, die leider auch nicht selten ist. So veröffentlichte vor einigen Jahren der berühmte Lehrer des Verwaltungsrechtes und der Socialpolitik an der Wiener Universität Lor. v. Stein einen im übrigen geistvollen und in der Form vollendeten Vortrag über „**die Frau auf dem Gebiete der National-öconomie,**" in welchem er dem Weibe auf wirthschaftlichem Terrain ausschließlich jene Rolle eines höheren Aschenbrödels zuwies, in welcher sie dem Herrn der Schöpfung das **Haus** rein und behaglich zu erhalten und „mit Wischtuch und Bürste, mit Wasser und Feuer, mit Nadel und Scheere den Kampf mit den tausenderlei Mächten der Zerstörung und des Schmutzes zu führen" habe. Damals war es die **Gräfin Nostitz**, die heldenmüthige Gattin des Entdeckungsreisenden W. Helfer, die mit ihrem Gemahl einst halb Asien unter den größten Gefahren durchzogen hatte, welche sich der Frauensache annahm und in einem an Herrn von Stein gerichteten Briefe den berühmten Professor von der Haltlosigkeit seiner Ansichten überzeugte. Er war ehrlich genug seinen Irrthum einzugestehen.

Wenn bei den **Großen** solche Anschauungen herrschen, so darf man sich billig nicht wundern, wenn die **Kleinen** erst recht nichts von der Erweiterung der Frauenrechte wissen wollen. Wenn, wie in Edinburgh geschehen, die Studenten der Medicin in corpore gegen die Zulassung der Frau zu diesem Studium protestiren, wenn, wie auf einer der letzten Naturforscherversammlungen (in Cassel), der Fall, der Antrag gestellt wird, die Frau von der Theilnahme an den wissenschaftlichen Arbeiten der Männer auszuschließen und nur zu den Erholungen derselben als Dekorationsmittel zuzulassen; so kann man sich des Gedankens nicht erwehren, daß es nicht lediglich ein rein **sittliches** Motiv, sondern auch ein wenig Furcht vor Concurrenz ist, welche hier zum Ausdruck kam. Bei dem **Philister** aber im Allgemeinen

— und diese leider so zahlreiche Männerart ist der schlimmste Feind jedes Fortschritts der Frauen — ist es hauptsächlich die Furcht und Abneigung vor Neuerungen, welche die Gemüthlichkeit und Behaglichkeit der bisherigen Zustände stören könnten, die ihn nervös und feindlich stimmt, wenn er von Frauenrechten und dergl. neuen Begriffen hört. Ist es ja doch auch so sehr billig und bequem, an die Töchter möglichst wenig zu wenden, während die Herren Söhne die ausgedehntesten Studien nicht nur in den Wissenschaften ihres künftigen Berufes, sondern auch in jeder Art Lebensgenuß durchmachen müssen! Jeder Knabe und wäre er noch so sehr mit jener Eigenschaft gesegnet, die selbst für Götter unüberwindlich ist, wird sorgfältig darauf hin erforscht, auf welchem Gebiete er einst sich um die Menschheit verdient machen möchte; wie complicirt wäre es, wenn man nun auch den Töchtern eine kleine Spur dieser Rücksicht zu Theil werden lassen sollte! Wie viel einfacher und bequemer ist es doch, allen diesen Ueberlegungen und Fragen mit dem Schlagworte zu begegnen; „Der Beruf der Mädchen ist die Ehe! und dafür lernen sie auch so genug!" Daran, daß seine so herrlich erzogenen Töchter nicht sämmtlich heirathen werden und daß sie dann ohne Kenntnisse und Beruf ein trauriges Loos erwartet, denkt der zärtliche Vater nicht; ebenso wenig daran, daß die Ehe allerdings ein Beruf ist, aber ein recht schwerer und verantwortlicher, dem nur ein ganzer geistig und körperlich wohlausgebildeter gereifter und gesunder Mensch genügen kann.

Und wie gut ist der Philister als Ehemann daran! Mit welcher Ruhe und Behaglichkeit sitzt es sich im Klub, Kasino oder sonstiger Kneipe, wenn man die felsenfeste Ueberzeugung hegt, daß die Frau daheim durch ein bischen s. g. Liebe und gute Behandlung sich reichlich dafür entschädigt fühlt, daß sie den Schwerpunkt ihres Daseins in Küche und Linnenschrank, den Kulminationspunkt ihrer Vergnügungen

im Damenkaffee zu suchen hat! Wie witzig und unterhaltend
spricht es sich dann von der Klatschsucht, der Modenarrheit
und anderen Tugenden der Frauen, welche schließlich größten=
theils nichts anderes sind als die Folgen ihrer Stellung!

Freilich kann und darf nicht geläugnet werden, daß
auch die Frauen selbst, zumal in Deutschland, ihre
Sache im Allgemeinen nicht zu fördern wissen, ja selbst
schädigen und hemmen. Abgesehen von kleinmüthiger Zag=
haftigkeit und Aengstlichkeit, die an sich beim Betreten unge=
wohnter schwieriger Bahnen erklärlich und verzeihlich wäre,
schadet die Frau den Interessen ihres Geschlechts ebenfalls durch
Egoismus. Wenn schon der Egoismus des Mannes nicht
gutgeheißen werden kann, so ist derjenige der Frau auf
diesem Gebiete noch bei weitem blinder und kleinlicher. Ist
sie selbst vielleicht in der glücklichen Lage, mit ihrem Loose
leidlich zufrieden zu sein; was kümmert es sie, wenn
Hunderte und Tausende ihrer Schwestern materiell und geistig
Noth leiden! Wie selten interessiren sich z. B. gutsituirte
selbständige Frauen, wie Künstlerinnen, u. s. w. für die
Frauensache!

Hat die Frau es vollends sogar erreicht, verheirathet
zu sein, so ist damit die Weltgeschichte für sie abgeschlossen;
sie hat den Hafen erreicht; mögen die anderen draußen
in der gefahrvollen Brandung des Lebens scheitern und
untergehen! Ein tiefinneres psychologisches Moment kommt
hinzu. Es ist so bitter einzugestehen, daß man eigentlich
doch ein nur halbberechtigter, durchweg unter dem Manne
stehender Mensch ist! Vielleicht hat man in der Jugend von
höheren Zielen geträumt; man hat sich auch die Ehe als ein
Miteinander, nicht als ein Neben= oder Untereinander
gedacht; des Herzens Wünsche und die Ideale der Jugend
sind unerreicht geblieben. Weshalb sollen es jetzt andere
besser haben! Weshalb sollen sie besser ausgerüstet werden
für den Kampf des Lebens und die Chancen haben, Höheres

zu erringen! Ja es giebt, wie Paul Heyse so launig schildert, selbst für den Mann kaum einen sichereren Weg, sich bei den Frauen zu kompromittiren, als wenn er sich ihrer Sache annimmt und demzufolge auch nothgedrungen höhere Anforderungen an sie stellt.

Viele Thatsachen sind bezeichnend für die außerordentlich geringe Theilnahme, welche die deutsche Frau ihrer Sache widmet. Wie viel deutsche Frauen und Mädchen giebt es, welche z. B. die Schriften Hedwig Dohms kennen. Und, denke man sonst über die Frage wie man will; schärfer, schneidiger und treffender ist noch nie die Angelegenheit der Frau vertreten und vertheidigt worden! Mag man auch nicht mit Unrecht objective Ruhe und Leidenschaftslosigkeit in den Werken dieser begabten Schriftstellerin vermissen; für eine Frau mit tiefem und energischem Gefühl dürfte es auch wohl kaum möglich sein, in dieser Sache kalte Ruhe und unpartheiische Objectivität zu wahren. Wenn einst die deutsche Frau aus ihrem Dornröschenschlummer aufwachen wird und nach denen fragt, die sie aus ihrer Lethargie geweckt haben, dann wird der Name: Hedwig Dohm als einer der ersten und besten genannt werden müssen.

Denn aufwachen muß sie! Sie muß weiter! Sie kann nicht stehen bleiben! Entweder — oder! Eins von beiden kann nur richtig sein: Entweder ist das Weib ein niederer Organismus: „Schatten nur des stärkeren Mannes" wie Tennyson sagt, dann ist es nur korrect, sie lediglich als Mittel der Lust und dienende Sklavin — wenn auch in schonender Form — zu benutzen und zu behandeln. Das war u. A. die Ansicht Napoleons und Schopenhauers. Oder sie ist ein dem Manne gleichstehender und gleichwerthiger, nur anders organisirter Mensch; nun dann soll sie auch des Mannes gleichberechtigte Genossin und Gefährtin sein, in Arbeit und Genuß, in Kampf und Ruhe, in Freud und Leid! Ihre gegenwärtige Stellung aber ist unhaltbar; weil unlogisch und unnatürlich! Die Frau muß vorwärts, wenn sie nicht rückwärts will; Sie muß sich weitere Erwerbskreise öffnen, wenn sie nicht verhungern will, sie muß andere und bessere Bildung erringen, wenn sie nicht dem Manne ewig nachstehen will. Sie hat die heilige Verpflichtung dazu, wenn sie ihren Theil an der Kulturarbeit der Menschheit, an der Veredlung des Menschengeschlechts, mit leisten will. Gerade weil die Mutter so entscheidend für die Ausstattung der Kinder ist, muß das Weib seine eigene Vervollkommnung als eine Pflicht gegen die Welt ansehen.

Mit Recht sagt Hedwig Dohm: „Die Frau soll insbesondere, wenn sie Lust und Fähigkeit hat, studieren, um ihrer besseren Subsistenz willen, und weil man ihr die Freiheit des Berufs wohl nicht gänzlich versagen kann. Sie soll studieren, weil auch die Wissenschaft neue und eigenthümliche Gedankenrichtungen durch die Frau erhalten wird; sie soll endlich besonders Medicin studieren im Interesse nicht nur der Moral, sondern auch der Hebung der Gesundheit und Kraft des weiblichen Geschlechts und damit der Menschheit! Darum fort mit dem kindischen Idealismus, dem Licht und Aufklärung für die Seele des Mädchens ebenso gefährlich dünkt wie Luft und Sonnenschein für dessen Wangen!" Nur zweierlei ist nöthig: Muth und Ernst! Und mit dem Dichter möchten wir den Frauen zurufen:

> Erwacht aus jenem tausendjährigen Wahne,
> Was ihr nicht spielend faßt, sei Euch zu hoch.
> Der Schaum des Lebens nur ist Lust und Lachen,
> Die Neige bitterer Ernst; lernt Ernst zu machen.

Werfen wir an dieser Stelle einen kurzen Blick zurück auf das durchmessene Gebiet. Wir sahen, wie durch die moderne Entwicklung der materiellen Kultur die Frau, speciell die deutsche Frau, aus ihrem bisherigen engen Wirkungskreis heraus und auf neue Bahnen gedrängt wird;

wie sich schon vorher zugleich eine **geistige** Strömung für
Erweiterung der Frauenrechte und Erhöhung ihrer Bildung
und Stellung geltend macht. Die bescheidenen Anfänge
praktischen Strebens in dieser Hinsicht haben wir mit Theil=
nahme und Anerkennung begrüßt. Wir haben keinen Grund
ausfindig machen können, weder physischer noch intellectueller,
noch endlich moralischer Natur, weshalb die Frau **nicht
weiter** fortschreiten solle auf dem Wege zu einer vollbe=
rechtigten, menschlichen und freien Stellung, in der sie ebenso
wie der Mann ihre besonderen natürlichen Fähigkeiten zu
ihrem eigenen Wohl und zum Besten der Menschheit ver=
werthen kann.

Die einzigen wirklichen **Hindernisse** haben wir nur
in der Selbstsucht und den falschen Auffassungen der **Männer**
und in der Apathie, dem kleinlichen Egoismus und der Feigheit
der Frauen erblicken können. Diese Hindernisse aber **müssen**
schließlich überwunden werden, denn **in dem Fortschritt
der Frau liegt auch der Fortschritt der Kultur
und der Welt!** Und die Frau wird sie überwinden, sie
wird weiter schreiten auf dem einmal eingeschlagenen Wege;
allen Professoren und Philistern, allen ängstlichen und enghér=
zigen braven Frauen und Jungfrauen zum Trotz!

Als im Sommer 1878 der internationale Kongreß für
die Frauenrechte zu Paris tagte und eine ältere englische
Dame sich mit Bitterkeit und Besorgniß über die dem Streben
der Frau entgegenstehenden Schwierigkeiten äußerte, trat eine
junge Amerikanerin, Miss Genevieve Graham Jones, auf
und erklärte mit muthvoller Zuversicht, daß pessimistische
Anschauungen auf dem Gebiet der Frauenbewegung keineswegs
gerechtfertigt seien; für die kurze Zeit des Strebens seien
die Erfolge außerordentlich befriedigend. **Sie hat Recht.**
Auch in Deutschland beginnt die Ueberzeugung immer mehr
Terrain zu gewinnen, daß sich die Frauenbewegung nicht
mit einigen frivolen Witzworten abthun lasse; langsam aber

energisch schreitet die Sache trotz der Ungunst der bewegten Zeit fort. Ich kann sagen: Wir dürfen hoffen. Schon zeigen sich im ganzen Leben auch in Deutschland die Anfänge zum Besserwerden, deshalb frisch vorwärts mit Muth Ernst und Kraft!

> „Nur der Starke kann den Preis erringen,
> Der am Ziel des Hippodromes winkt;
> Nur der Starke kann das Schicksal zwingen,
> Wo der Schwächling untersinkt."

Wir stehen nicht mehr allein da, als verspottete seltsame Schwärmer für Utopien; täglich mehren sich unsere Bundesgenossen. Es sind wahrlich nicht die schlechtesten und niedrigsten Geister, die zu unserer Fahne schwören. Viele frischere jüngeren Kräfte stehen auf unserer Seite. Aber auch ernste ältere Männer, die das Leben kennen und für das Wohl des Volkes besorgt sind. Ebenso hohe Frauen, denen äußere Rücksichten eine thätige Theilnahme noch erschweren. Auch im gewöhnlichen Leben finden wir stets weitere Sympathien. Unser Bundesgenosse ist der Vater, der besorgt auf die Schaar seiner unbemittelten aber intelligenten und leistungsfähigen Töchter blickt; unser Bundesgenosse ist der Jüngling, dessen tiefste Sehnsucht von einer ihm geistig ebenbürtigen Lebensgefährtin träumt; ein Ziel, das die rauhe Wirklichkeit ihm als unerreichbar zeigt. Die Morgenröthe einer neuen socialen Welt glauben wir am fernen Horizonte zu erblicken; unseren Augen eröffnet sich eine weite herrliche Perspective, die wir nicht schöner als mit den Worten H. Dohms zu bezeichnen vermögen.

„Aus der Zukunft aber, einer fernen vielleicht, wenn der freien Entwicklung des Weibes keine Schranke mehr gesetzt ist, wird ein Geschlecht emporblühen, dessen Herrlichkeit wir heut kaum ahnen; ein Geschlecht voll Schönheit und Grazie, voll Kraft und Intelligenz; denn schließlich bleibt die Natur immer Siegerin, weil sie eins ist mit der Wahrheit und unzerstörbar."

Die Frauenbewegung ist wohl ein Glied, ein Zweig der socialen Frage, jenes Urproblems der Menschheit, dessen völlige Lösung unabsehbar ist; aber sie hat nichts zu thun mit jenen Ideen von Umsturz und gewaltsamer Empörung, welche in unserer Zeit so tief eingreifend aufgetreten sind. Ohne jede Umwälzung bestehender Rechte und Ordnung, auf dem Wege allmählicher Reform kann und wird die Frauensache ihr Ziel erreichen. Gerade wir, die wir die Hebung der Frau erstreben, wollen damit alle Errungenschaften der Kultur, die ganze Summe der gethanen Arbeit des Menschengeschlechtes nicht nur festhalten, sondern in rascherem Fortschritte steigern. Gerade uns soll die Frau eine Hüterin der Sitte sein, aber eine freie selbstbewußte Hüterin! Wir wollen, daß auch die Frau mit entwickelten Kräften eintrete in den Kampf der Menschheit und ihr Ringen nach Vervollkommnung, als ein freier Kamerad und Bundesgenosse des Mannes! Zu diesem Zwecke aber darf sie nicht länger der geistigen Waffen und Rüstzeuge entbehren; nicht länger abgesperrt sein von dem Hort der Wissenschaft und des Denkens; selbst wenn einzelne Schwache im Ikarusfluge sinken und fallen sollten. Tief und wahr ist des Dichters Wort:

„Nein, jene Ströme, die so labend fließen,
Drin sich Jahrtausende gespiegelt sehn;
Man soll sie nicht dem schwächern Theil verschließen,
Weil ihre Wogen tief und reißend gehn
Ich sage: Kommt! Ihr alle seid geladen
Vom Quell zu trinken und im Strom zu baden!"